图书在版编目（CIP）数据

讲了很久很久的中国龙 / 高瑞沣著；陈志华绘 . 成都：四川教育出版社，2024.10. -- ISBN 978-7-5408-9360-6（2025.1 重印）

Ⅰ . B933-49

中国国家版本馆 CIP 数据核字第 20244N9Q71 号

| 出 品 人：雷 华
| 图书策划：任 舸 刘 青
| 责任编辑：任 舸 刘 青
| 责任校对：周代林
| 封面设计：星筠兔
| 版式设计：星筠兔

责任印制：许 涵
出版发行：四川教育出版社
　　地　　址：四川省成都市锦江区三色路 238 号新华之星 A 座
　　邮政编码：610023
　　网　　址：www.chuanjiaoshe.com

| 制　　作：星筠兔
| 印　　制：三河市嘉科万达彩色印刷有限公司
| 版　　次：2024 年 11 月第 1 版
| 印　　次：2025 年 1 月第 3 次印刷
| 开　　本：787mm×1092mm　1/16
| 印　　张：5.25
| 书　　号：ISBN 978-7-5408-9360-6
| 定　　价：89.00 元

如发现质量问题，请与本社联系。编辑部电话：(028) 86365131

高瑞沣 著

陈志华 绘

讲了很久很久的中国龙

四川教育出版社

目录

龙生九子 ... 14
- 狻猊 ... 28
- 蒲牢 ... 24
- 嘲风 ... 22
- 睚眦 ... 18
- 囚牛 ... 16
- 龙的『九似』说 ... 8
- 龙与古代帝王的关系有什么不同？ ... 9
- 三爪龙、四爪龙、五爪龙蕴含的意义 ... 10

鳞虫之长 ... 4
- 『龙者，鳞虫之长』 ... 4
- 龙形从『C』形向『S』形的演变 ... 5

与龙有关的成语 ... 68

古代与龙有关的神兽 ... 58

螭吻 ... 52

负屃 ... 50

狴犴 ... 44

霸下 ... 38

鳞虫之长

"龙者，鳞虫之长"

龙是古代神话中的神兽，被视为"鳞虫之长"，"能幽能明，能细能巨，能短能长，春分而登天，秋分而潜渊"。龙的形象在新石器时代已经出现，"龙"字最早见于商朝的甲骨文中。

在我国传统文化中，古人根据动物的体表特征将所有动物分为"五虫"。这一分类源于古代的五行学说，在《大戴礼记》中有详细的记载。这五虫分别是倮（luǒ）虫、鳞虫、毛虫、羽虫和甲虫。

- 倮虫：指人类、蚯蚓、青蛙等无羽毛或鳞甲蔽身的动物。
- 鳞虫：指鱼类、蜥蜴（xī yì）、蛇等有鳞的动物，以及有翅的昆虫（此处的昆虫与现代生物学分类中的昆虫不同，应理解为广义的带甲壳或鳞片的动物）。
- 毛虫：指走兽类动物，如猴子等哺乳动物。
- 羽虫：指禽类动物，即鸟类。
- 甲虫：也称介虫，指带甲壳的虫类，也包括螃蟹、龟等水族生物。

《大戴礼记》是西汉戴德编纂（zuǎn）的礼制著作。原有八十五篇，但今仅存三十九篇。

龙形从"C"形向"S"形的演变

我国新石器时代的龙形图案大都呈"C"形，后来逐渐向"S"形演变。

辽宁阜新查海遗址属兴隆洼文化时期，距今约 8000 年。考古学家在这个遗址发现了长达 19.7 米，用红褐色石块堆砌、摆放而成的龙形图案，龙头朝西南，龙尾朝东北，弯身弓背。这是我国较早的龙形文物。

最典型的呈"C"形的龙形文物是红山文化玉龙，距今 6500 年至 5000 年。该玉龙出土于内蒙古自治区赤峰市翁牛特旗三星他拉村，高 26 厘米，由墨绿色软玉雕琢而成，通体磨光，卷曲成"C"形，被誉为"中华第一龙"。

红山文化中还有另一件著名的龙形文物——玉猪龙。玉猪龙也呈"C"形，其头部硕大、双耳竖起，有点像猪，因此被称为"玉猪龙"。

在山西襄汾陶寺遗址出土的一个属于龙山文化的彩绘蟠（pán）龙纹陶盘，里面所绘的龙纹整体呈"C"形。

以上介绍的龙形器物展现了我国新石器时代龙形图案的特征。在这一时期，龙形图案尚保持着古朴、原始的韵味。

然而，随着历史的车轮滚滚向前，龙的形象迎来了重大改变。

二里头遗址出土的文物绿松石龙形器是一件国宝级文物，龙身呈曲线状，由2000多片各种形状的细小绿松石组成，每片绿松石大小仅有0.2~0.9厘米，厚度仅0.1厘米左右。其用工之巨、制作之精、体量之大，在我国早期龙形文物中十分罕见，是龙形象演化进程中的关键节点。

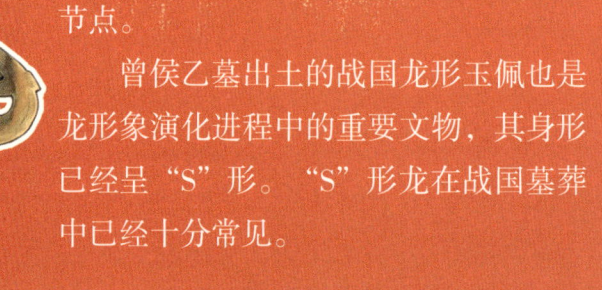

曾侯乙墓出土的战国龙形玉佩也是龙形象演化进程中的重要文物，其身形已经呈"S"形。"S"形龙在战国墓葬中已经十分常见。

以战国龙形玉佩为代表的龙形文物设计巧妙，头部至尾部自然弯曲成优雅的"S"形，既展现出龙身的灵动与多变，又透露出一种曲折有致的美感。较之先前的"C"形龙，"S"形龙更优美，更加符合人们对力量与美的双重追求。

　　后来人们将"S"形龙分为三部分，称为"三停"。这三部分长度大致相等：自首至膊（bó）是上停，自膊至腰是中停，自腰到尾是下停。

龙的形象是怎么被创造出来的？

　　我们知道，龙是将多种动物的部分形象特征融合而创造出来的，这种融合从开始到定型经历了一个漫长的过程。早期的龙形图案，通常由蛇身、猪头或虎头、鹿角、鹰爪等组成。有考古学家指出，之所以出现这样的形象，是因为远古部落间的兼并与统一。相传远古部落常以动物或植物图案作为本部落的图腾，由于当时部落很多，部落之间经常发生战争，强者兼并弱者，强大的夏部落以蛇为图腾，后来逐步兼并了以鹰、鹿、鱼等为图腾的部落，兼并成功后在蛇图腾上增加了鹰爪、鹿角、鱼鳞等元素，组成了一个新的图腾——龙。

三爪龙、四爪龙、五爪龙蕴含的意义有什么不同？

三爪龙又称三趾龙，其形象威猛、庄重，每只爪子都透露出强大的力量感。在中国传统文化中，三爪龙被视为龙的早期形象，不仅是勇气与力量的化身，还承载着古老历史的厚重与神秘。

相较于代表勇气与力量的三爪龙，四爪龙在形态上更加尊贵，其每只爪子仿佛都蕴含着威严。在古代，四爪龙纹是地位尊贵的象征，被广泛应用于王公贵族的装饰物、官服，以及一些高档的民用器物上。

五爪龙是龙形象最成熟的形态，在中国传统文化中占据着独一无二的崇高地位。它与皇权紧密相连，是象征皇帝权威的标志，其形象深深烙印在中国历史长河之中。

五爪龙的每只爪子都蕴含着深厚的文化寓意，与自然界的五行（金、木、水、火、土）、五方（东、南、西、北、中）、五色（青、赤、黄、白、黑）相联系。它们是中国古代哲学思想的重要组成部分。这一设计体现了古人对宇宙万物相互关联、和谐共生的深刻理解。

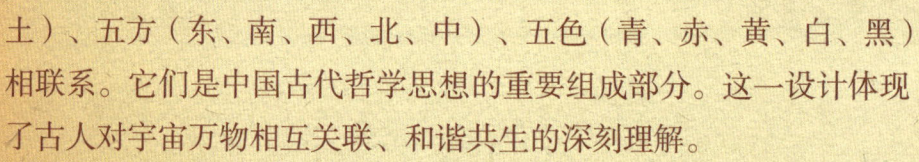

龙与古代帝王的关系

商周时期,龙纹已经开始作为天子的象征。

据《礼记》记载,周天子的仪仗中有九旒(liú)龙旗,以彰显天子的权威与尊贵。《周礼》中提到,周天子会穿着龙衮(gǔn)祭祀先王。

龙旗,本作"龙旂(qí)",是古代天子、王族、诸侯等使用的旗帜,起源于殷商时期,传于后世。《周礼》记载:"龙旂九斿(liú),以象大火也。"这里的"九斿"即指龙旗上的九条垂旒,象征着天子至高无上的地位。

龙衮,即绣有龙纹的服饰,是古代天子在祭祀、朝会等场合中所穿的礼服。《说文解字》中这样解释"衮"字:"衮,天子享先王,卷龙绣于下幅,一龙蟠阿上向。"大意是:天子用食物供奉先王之灵,卷曲的龙绣在龙衣下面,一条龙弯弯曲曲、昂首向上。这生动地描绘了龙衮上龙纹的形态与寓意。

秦汉时期,龙作为皇权象征的地位得到确立和强化,龙的形象更加成熟。龙纹被应用于陶器、瓷器、金银器等器物上,成为装饰艺术的重要组成部分。

《史记·高祖本纪》记载,刘邦的母亲刘媪(ǎo)在大泽之陂(bēi)休息时,梦见与神相遇。当时雷电交加,天色昏暗,刘太公前往查看,见有蛟龙盘踞在刘媪身上。不久之后,刘媪便怀孕生下了刘邦。这一传说使刘邦被赋予了"真龙天子"的神秘色彩。

刘邦之后，后世皇帝纷纷效仿，通过各种方式宣扬自己是龙的化身或拥有龙的血脉，以巩固自己的统治地位。在这一过程中，"真龙天子"的概念逐渐深入人心，成为皇帝的专属称谓。

宋朝以后，随着封建制度的发展，龙纹的使用越来越严格。龙作为封建皇权象征的地位被进一步强化，只有皇帝可以使用有龙形图案的物品。到了明朝，皇帝穿龙袍的相关规则被明太祖朱元璋正式确立下来，龙袍上的龙被规定为五爪金龙，以示尊贵和权威。

龙的"九似"说

龙的形象在中国历史上经历了漫长的演变过程。从远古时期的简单图腾到后来的复杂图案，龙的形态不断发生变化。

到了宋朝，随着文化艺术的繁荣和发展，龙的形象逐渐定型，并形成了"九似"说。比较有代表性的"九似"说是宋人罗愿在《尔雅翼》中提出的，即龙"角似鹿，头似驼，眼似兔，项似蛇，腹似蜃（shèn），鳞似鱼，爪似鹰，掌似虎，耳似牛"。

古人认为，龙是"三栖动物"，能在陆地上行走，能在深渊中潜行，也能在天上飞翔。从形象上讲，要表现龙的这种非凡能力，须集合各种动物的特征。也正因为拥有各种动物的特征，龙能成为神话传说中的神奇生物，被人们崇拜和敬仰。

"九似"说不仅是一种对龙的形象的描述，更蕴含了丰富的文化意义。"九"在中国传统文化中被视为极数之一，有极限、至高、完满等意义。因此，"九似"说也体现了龙的重要地位和非凡能力。

鳞似鱼：龙的鳞片与鱼的鳞片相似。鱼的鳞片紧密排列且富有光泽，这使龙的鳞片在阳光下能够发出耀眼的光芒，增添了龙的神秘感。

掌似虎：龙的脚掌与虎的脚掌相似。虎的脚掌宽大有力，能够支撑其庞大的身躯进行奔跑和跳跃。这样的特征使龙在行走或舞动时更加稳健有力。

腹似蜃：龙的腹部与蜃的腹部相似，较为宽大且有一定的弧度，给人一种饱满、有力的感觉。

爪似鹰：龙的爪子与鹰的爪子相似。鹰的爪子锋利有力，是其捕食和防御的重要工具。这展现出龙爪的威猛、有力。

龙生九子

"龙生九子"是指在中国古代神话传说中，龙生有九个儿子。自古以来就有"龙生有九子，九子不成龙，各有所好"的说法。这一说法至少在汉朝就已经出现。随着历史的发展，历代文献中出现了不同版本的记载和传说。

明朝时，"龙生九子"的说法被载入李东阳所撰的《怀麓（lù）堂集》中，形成了较为固定的九子名单。同时，明朝的一些文人笔记，如陆容的《菽（shū）园杂记》、杨慎的《升庵集》、李诩的《戒庵老人漫笔》等，对龙之九子的情况均有描述。

中国传统文化中，经常以"九"来表示极多的意思，因此有观点认为，"龙生九子"的"九"是个虚数，也就是说龙子可能远远不止九个，现在我们讲的九个龙子只是其中最具代表性的。"九"也可以用来象征龙子的尊贵地位。

龙作为中华民族的图腾和象征，其"九子"自然也承载了丰富的文化内涵。每个龙子都有着不同的特质，而这些特质共同构成了中国传统文化中对于龙及其后代的多元化理解。

据宋人罗愿的《尔雅翼》记载，龙的外形和九种动物有相似之处：角像鹿角，头像骆驼的头，眼睛像兔子的眼睛，脖子像蛇的脖子，腹部像蜃蟾的腹部，鳞片像鱼鳞，爪子像鹰爪，脚掌像虎掌，耳朵像牛耳。另外，据明朝李时珍编著的《本草纲目》记载，龙的背上有八十一片鳞片，这符合九九阳数的规律；它发出的声音就像击铜盘一样响亮；它的嘴旁长有胡须，喉咙下面藏有明珠；它的头上有博山，又称尺木，如果尺木就不能升天；它呼出的气能形成云彩，也能变出水来。

项似蛇：蛇似的脖子细长、灵活，脖子片与蛇的脖子相似的特征使龙在舞动时更加飘逸、灵动。

眼似兔：龙的眼睛的形状、神态与兔子的眼睛相似，兔子的眼睛清澈、灵动，这使得似龙的兔子的眼睛相得生动有神。

角似鹿：龙角与鹿角相似，拥有与鹿角相似的角，显得十分优雅、高贵的气质。在古代，鹿角也常被视为力量的象征。

耳似牛：龙的耳朵与牛的耳朵相似，轮廓分明，给人一种沉稳、力的感觉。

头似驼：龙的头部形状与骆驼的相似，较为宽大，给人一种稳重、威严的感觉。

《怀麓堂集》是明朝李东阳创作的一部诗文集，有 100 卷传世（清康熙年间廖方达校刻本为 100 卷）。其中诗前稿 20 卷、文前稿 30 卷、诗后稿 10 卷、文后稿 30 卷、杂记 10 卷。清嘉庆年间重刻本附有法式善、唐仲冕辑《明李文正公年谱》7 卷。

李东阳是明朝重臣、文学家、书法家，茶陵诗派的代表人物。他一生著述不断，存世诗约 3000 首，文近千篇。

囚牛（qiú niú）

囚牛是龙的长子，古代神话传说中的神兽，龙头蛇身，遍体通黄，有鳞角，能分辨万物声音，性情温顺。

传说囚牛非常喜爱音乐，常常在琴头上欣赏音乐。因为极度喜爱音乐和拥有卓越的音乐才能，它被视为音乐之神，所以它的形象常常出现在各种乐器上，不仅增添了乐器的美感，而且寄托了人们对音乐的热爱和向往。

明朝陈洪谟（mó）编著的明朝史料笔记《治世余闻》中记载："囚牛，龙种，性好音乐。"

囚牛好音

原指胡琴（一种传统乐器）头上所刻的囚牛表现出一副喜爱音乐的样子。后用来比喻那些冒充内行的人。

这个成语出自明朝陈仁锡编著的《潜确居类书》。

原文是："龙生九子，不成龙，各有所好；蒲牢，好鸣，形钟纽上；囚牛，好音，形胡琴上。"

大意是：龙生了九个儿子，但它们都没有成为龙，各自有着不同的喜好和特长。蒲牢喜好鸣叫，它的形象常被雕刻在钟的纽上（作为钟的装饰）；囚牛喜欢音乐，它的形象常被雕刻在胡琴等乐器上。

睚眦（yá zì）

睚眦是龙的第二个儿子，豺身龙首，为龙和豺所生。

古书上记载，睚眦的样子像长了龙角的豺狼。它性格刚烈，好勇擅斗，总是嘴衔宝剑、怒目而视。所以人们常常把睚眦雕饰在刀柄或剑鞘上，希望能增强武器的威力和气势。

"睚眦"这个词的本意是怒目而视，常用来表示极小的仇恨或愤怒的表情。

传说睚眦是龙与豺所生，尽管是龙的后代，但其身形却有些像豺狼。睚眦的父亲因为它独特的外貌心生不悦，甚至萌生了抛弃它的念头，幸得它的母亲苦苦哀求，睚眦才得以留下。

历经十年的成长与磨砺，睚眦终于长大。站立在无垠的天地之间，睚眦放眼望去，只见海面辽阔无边，天空高远莫测；风起时，云层翻涌，更显得这世间无限宽广，令人心生敬畏。

此情此景触动了睚眦内心深处的情感。它不禁感慨万千："我虽在形体上未能完全继承龙族的威严与壮美，但我的志向却如同龙一般远大。尽管我并无龙族那般呼风唤雨、腾云驾雾的神通，但我却拥有一身不屈的傲骨，心怀壮志，渴望征服四方。父亲曾以貌取人，对此我内心虽有不甘，但也明白世事复杂，难以言尽。然而，真正的有志之士，应当能够忍辱负重，能屈能伸。如今，我已自立门户，誓要凭借自己的努力，成就一番大事，以正我龙子睚眦之名！"

从此，睚眦便踏上了浪迹天涯的旅程。它游历四方，寻找着能够让自己一展宏图、成就大事的机遇。后来，睚眦为周文王献策并举荐姜子牙，立下大功。

睚眦必报

指极小的怨恨也一定要报复，常用来形容一个人心胸狭窄。

这个成语出自司马迁的《史记·范雎蔡泽列传》。

原文是："一饭之德必偿，睚眦之怨必报。"

大意是：对于别人给予一顿饭这样的小恩惠，也必定要报答；而对于被别人瞪一眼这样的小怨，也必定要报复。

论交

[宋] 刘敞

张陈父子游，乃为白刃仇。
萧曹平生欢，亦作睚眦雠。
交合名利间，安得无后忧？
商山有四人，衰老俱白头。
但食岩谷芝，终身不相尤。
未必能独贤，苟云无他求。
古称结交难，成败视此由。
作诗告同心，市义诚足羞。

大意：

张陈二人曾经亲密无间，如同父子般交往，却因纠葛成了拔刀相向的仇敌。

萧曹二人平生交好，但也因小事而翻脸，结下了难以化解的仇怨。

在名利场中结交的朋友，怎么能保证没有后顾之忧？

商山之中有四位隐士，他们年迈体衰，头发已经斑白。

他们只食用岩谷中的灵芝，清贫自守，终身不互相责备。

他们未必能独自成为贤人，但至少可以说没有其他贪欲。

自古以来，人们就说结交真心朋友是难事，事情的成败往往就取决于交友的选择。

我写下这首诗来告诫与我志同道合的人，那些为了名利而结交朋友的人，实在让人感到羞耻。

解析：

本诗一开始先描述了张耳、陈馀两人从亲密无间到反目成仇的转变。他们曾是信陵君的门客，如同父子般交往，却因利益纷争而拔刀相向，成为仇敌。

"萧曹平生欢，亦作睢眦雠"则讲述了萧何与曹参的故事。他们本是好友，却因小事而结怨，萧何一度想要杀掉曹参。

"交合名利间，安得无后忧"是对前四句的总结与升华，指出在名利场中结交的朋友往往不可靠，容易因利益纷争而产生后顾之忧。

接下来，诗人笔锋一转，讲述了商山四皓的事迹。这四位隐士虽年迈体衰，却清贫自守，终身不互相责备。他们的生活虽然简朴，但却充满了真正的和谐与情谊。

随后，诗人表达了自己的看法：商山四皓虽然未必能单独成为贤人，但至少没有其他贪欲。他们的友情是纯粹的。

最后，诗人发出感慨：自古以来，人们就说结交真心朋友是难事，事情的成败往往取决于交友的选择。诗人写下这首诗来告诫与自己志同道合的人，那些为了名利而结交朋友的人实在让人感到羞耻。

刘敞，北宋文学家、史学家、经学家、散文家。

嘲风（cháo fēng）

嘲风是龙的第三个儿子，传说是龙与凰（一说鸟）生的，背上有双翅，喜欢冒险和望远，所以它的形象常常出现在殿角上。

在中国民俗中，嘲风象征吉祥、美观和威严，同时也被认为有驱邪避灾的作用，因此它的形象常被用作宫殿建筑的装饰。

传说嘲风具有控制风的能力。相传有一座宏伟的皇宫在中秋佳节时发生了火灾，火势凶猛，一时之间难以控制，宫殿建筑岌岌可危。嘲风主动冲出来，通过操纵风的方向和力量，引来了大雨，扑灭了火灾。皇帝为了感激嘲风，命工匠将它的形象雕刻成雕像放置在殿角，以保佑宫殿平安。

李东阳《怀麓堂集》记载："嘲风平生好险，今殿角走兽是其遗像。"

为什么凤是雄鸟，但是我们结婚的时候，却又常常称"龙凤呈祥"呢？

在传统文化中，凤凰作为神话生物，最初其性别是有明确区分的。雄鸟被称为"凤"，雌鸟被称为"凰"。

凤凰作为百鸟之王，不仅因其绚丽多彩的羽毛而美丽非凡，更因其代表吉祥、和谐与美好而深受人们喜爱。凤与凰的结合，常被视为阴阳和谐、天地交泰的象征。

后来，人们习惯将凤凰简称"凤"。同时，由于龙象征帝王，和龙对应的凤被用于指代妃嫔，因而凤逐渐成为女性的象征。故而人们结婚时，将龙与凤这两种神话生物并列在一起，共同寓意吉祥如意，即龙凤呈祥。

蒲牢（pú láo）

蒲牢是龙的第四个儿子，形状像龙但比龙小，喜好鸣叫。

传说蒲牢居住在海边，虽为龙子，却一向害怕体形庞大的鲸。当鲸发起攻击时，蒲牢就会吓得大声吼叫。根据这个传说，人们喜欢把钟纽铸成蒲牢的形状，而把敲钟的杵做成鲸的形状。敲钟时，让"鲸"一下又一下地撞击"蒲牢"，使钟声响亮、持久。

与此有关的记载最早见于东汉班固的《东都赋》："于是发鲸鱼，铿（kēng）华钟。"李善引用三国时期薛综《西京赋·注》解释说："海中有大鱼曰鲸，海边又有兽名蒲牢，蒲牢素畏鲸，鲸鱼击蒲牢，辄大鸣。凡钟欲令声大者，故作蒲牢于上，所以撞之者为鲸鱼。"由此说明了蒲牢这一形象在古代的特殊用途。

古人在制作或调整钟（通常指的是古代的大型铜钟或铁钟）时，希望它发出的声音更加洪亮。以蒲牢形象铸钟，以鲸形象作杵，以"鲸"撞"蒲牢"，便寄托了这样的愿望。

奉和鲁望闲居杂题五首·寺钟暝

[唐] 皮日休

百缘斗薮无尘土,

寸地章煌欲布金。

重击蒲牢晗山日,

冥冥烟树睹栖禽。

大意:

在这汇聚了无数因缘的繁华之地,竟然找不到一丝尘土的痕迹。

每一寸土地都闪耀着璀璨的光芒,犹如铺满了黄金。

重重地敲击带着蒲牢装饰的钟,其洪亮的钟声仿佛能吞噬山间的日光。

黄昏时分,树木被烟雾笼罩,可以清晰地看到栖息的鸟儿的身影。

解析：

　　《奉和鲁望闲居杂题五首》是皮日休应和陆龟蒙《闲居杂题五首》而作的一组诗，其中，《寺钟暝》专门描绘了黄昏时分寺庙敲钟的景象。

　　本诗前两句描绘了寺庙的洁净与辉煌。第一句描写了尽管世间万物纷繁，但寺庙却清净无尘，展示出其超脱世俗的宁静。第二句写寺庙虽小，但被装饰得金碧辉煌，显示出其庄严与神圣。

　　本诗后两句通过具体的意象描绘了寺庙钟声的洪亮、深远和寺庙环境的清幽。其中，蒲牢就是古代传说中的龙之九子之一，性好音，常被雕刻在钟上。这里的"重击蒲牢"即指重重地敲击带着蒲牢装饰的钟。"唅山日"形容钟声之大，仿佛能吞噬山间的日光。"冥冥烟树睹栖禽"则描绘了黄昏时分寺庙环境的宁静、和谐。被烟雾笼罩的树木、栖息的鸟儿和钟声一起构成了一幅美丽的景象，营造出一种宁静、深远的意境。

　　皮日休，晚唐诗人、文学家。与陆龟蒙齐名，世称"皮陆"。他的诗文兼有奇、朴二态，且多反映民间疾苦，对社会民生有深刻的思考和洞察。

狻猊（suān ní）

狻猊是龙的第五个儿子，形似狮子，平生喜静不喜动，好坐，喜欢烟火，其形象常常被用来装饰香炉。

狻猊形象用作装饰的功能经过三个时期的发展逐渐丰富。最初，狻猊形象常被巧妙地置于香炉的底部和顶部，其源起可追溯至汉朝。

到南北朝时期，佛教造像中开始流行以狻猊为装饰元素，如狻猊常被雕刻在盘腿而坐或双脚交叠的文殊菩萨像前，作为佛座上的点缀，象征威严与神圣。

此时，狻猊已成为文殊菩萨的坐骑，被视为趋吉避凶的瑞兽，也是护法兽。

后来，狻猊形象逐渐被广泛运用于建筑装饰、民俗佳节及铜镜纹饰中。隋唐时期，狻猊形象常被刻成石雕，用于镇守陵墓、守护宫门和府邸，以驱妖辟邪。

《穆天子传》记载："名兽使足：□走千里，狻猊□野马走五百里。"大意是：著名的兽类凭借强健的四肢能够行走千里，而狻猊和野马这两种动物，虽然行走能力稍逊，但仍然能够奔跑五百里。

《尔雅·释兽》载："狻猊，似虦（biāo）狸，食虎豹。"郭璞注："即师子也，出西域。"《汉书·西域传》记载，东汉时期，西域进贡师子。后来，"师子"被写成"狮子"。

由此可见，狻猊应是狮子的古称，除了在龙之九子的传说中属于龙族，其他地方一般指狮子。

雪

[宋]陆游

平郊漫漫觉天低,况复寒云结惨凄。
老子方惊飞蛱蝶,群儿已说聚狻猊。
中宵鸢堕频摧木,彻旦鸡瘖重压栖。
只待新晴梅坞去,青鞋未怯踏春泥。

大意:

在广袤无垠的平野上,我感觉天空似乎特别低矮,更何况此时还有厚重的寒云密布,让氛围显得更加凄清和压抑。

正当我惊讶于在这样的天气中竟然还能看到蝴蝶飞舞时,孩子们已经兴奋地谈论起他们想象中的猛兽狻猊聚集的景象了。

深夜时分,风势猛烈,鸢鸟不断坠落,连树木也承受不住压力频频被摧折;直至天明,鸡都缄默不鸣,仿佛也被这恶劣的天气所压制。

我期待天空放晴,便能穿上青布鞋,毫不畏惧地踏上可能还带有春泥的小路,前往那梅花盛开的小坞,去欣赏和享受春天的美好。

解析：

　　这首诗通过描绘自然景象和人物情感，展现了诗人在恶劣天气中的复杂心境和对美好生活的向往，同时也体现了诗人坚韧不拔、乐观向上的精神风貌。

　　"平郊漫漫觉天低，况复寒云结惨凄"描绘了广袤而阴沉的平野景象，天空因平郊的辽阔而显得低矮，再加上密布的寒云，营造出一种压抑和凄凉的氛围。

　　接着，"老子方惊飞蛱蝶，群儿已说聚狻猊"通过对比诗人与群儿的反应，展现了不同年龄的人对同一景象的不同感受。诗人因看到在寒冷中飞翔的蝴蝶感到惊讶，孩子们兴奋地谈论想象中的猛兽狻猊。这种对比增添了画面的生动性和趣味性。

　　"中宵鸢堕频摧木，彻旦鸡瘖重压栖"进一步描述了夜晚到清晨的恶劣天气。这些景象加深了凄凉、压抑的氛围。

　　尾联"只待新晴梅坞去，青鞋未怯踏春泥"笔锋一转，表达了诗人的希望。他期待着天晴之后能够穿上青布鞋，踏过春泥，前往梅花盛开的小坞，享受春天的美好。这种对美好事物的向往和追求，使整首诗在凄冷的基调中透露出一种积极向上的精神风貌。

　　陆游，字务观，号放翁，越州山阴（今浙江绍兴）人。南宋文学家、史学家、爱国诗人。他一生创作诗歌很多，今存9000多首，内容极为丰富。

> 知识拓展

脊兽是什么？

脊兽，顾名思义，就是屋脊上的兽，是中国古代安放在屋脊上的一种建筑构件，多雕刻成神话传说中神兽的形象。

在正式介绍脊兽之前，让我们先来认识一下它们平时"站岗"的位置——屋脊。屋顶中间高起的部分便是屋脊，屋脊可分为正脊、垂脊、戗（qiàng）脊等。

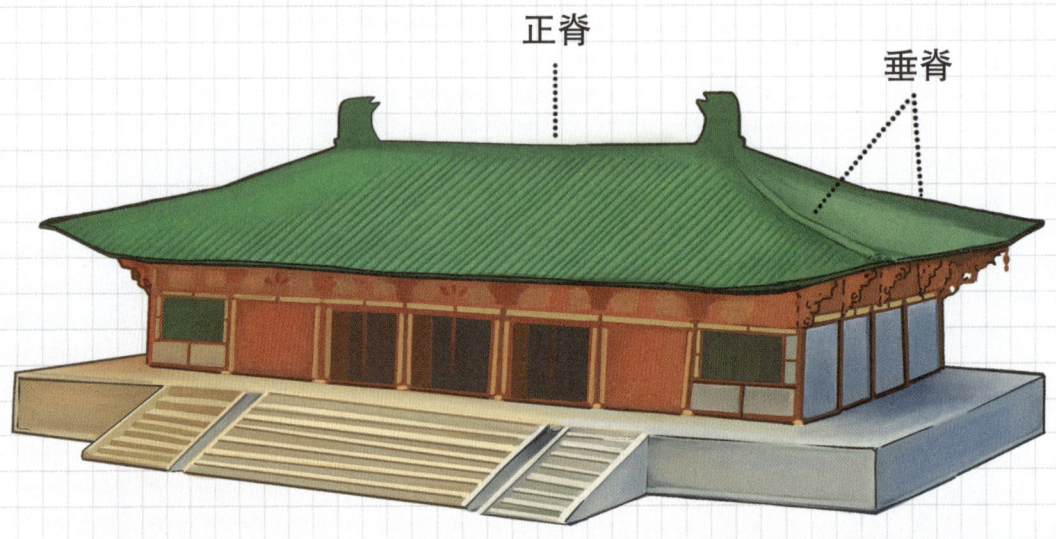

屋顶前后两个坡面的交汇线被称为正脊；从正脊的两端一直向下延伸到屋檐的屋脊叫垂脊。比较正式的古代建筑至少有一条正脊和四条垂脊。

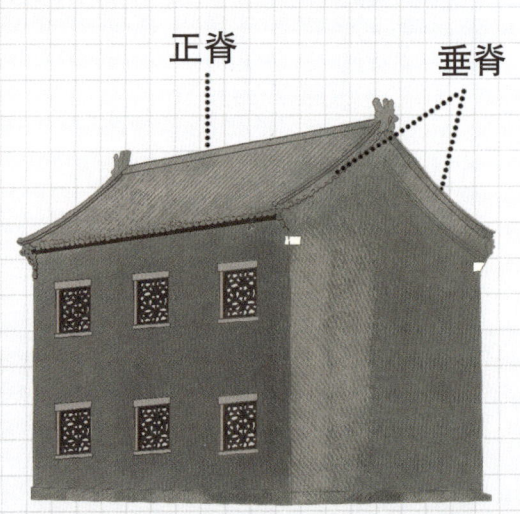

正脊

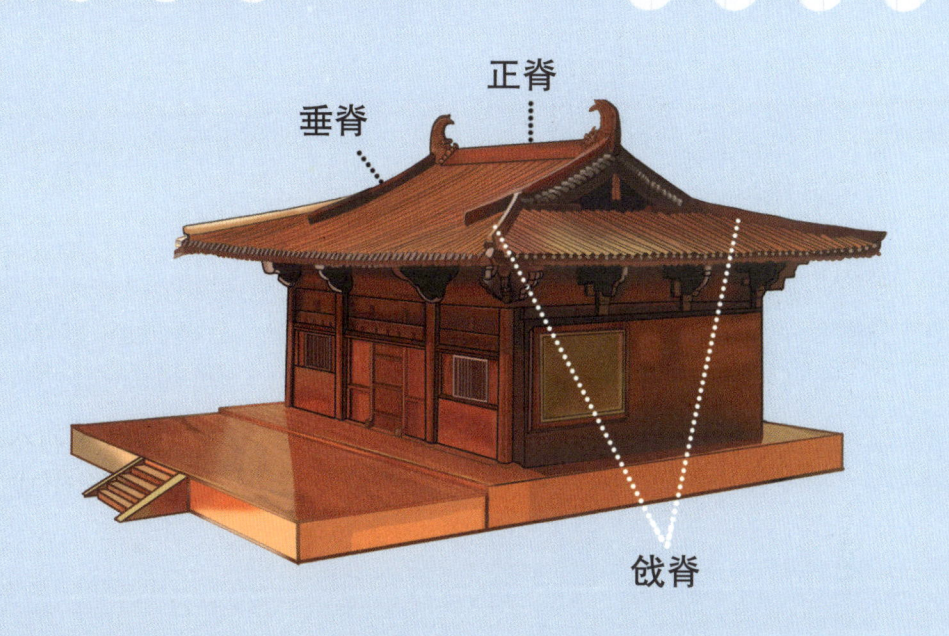

垂脊

戗脊

此外，还有一种较为特殊的屋脊叫戗脊，是歇山顶建筑所独有的。

根据驻守屋脊类型的不同，脊兽可以分为吻兽、望兽、仙人走兽、垂兽、戗兽等。

吻兽也叫大吻或正吻，位于正脊两端，我们经常看到的宫殿顶上翘起来的两个角就是它们。

吻兽一般体形巨大。中国最大的吻兽——太和殿屋顶的一对正吻，由13块琉璃构件拼装而成，高3米多，重量达到4000多千克。

之所以把吻兽设计得既大又重，是因为它们"站岗"的地方衔接着正脊与垂脊，是木结构的重要部位，吻兽的重量能够使榫卯（sǔn mǎo）结构更加牢固、稳定。此外，三面屋顶在吻兽所在的位置交汇，因此此处最容易漏雨。体形巨大的吻兽能够严密地封住这个重要的交汇点，防止雨水从缝隙中渗漏。

望兽在屋顶上的位置和吻兽一样，位于正脊两端。不同的是，吻兽面朝里，两只吻兽刚好相对；而望兽面朝外，眺望远方。

仙人走兽也被称为蹲兽，位于垂脊或戗脊上。太和殿屋顶上排成一排的脊兽就是仙人走兽，由打头的骑凤仙人和排在后面的10只走兽两部分组成。

由于垂脊、戗脊的走势都是向下的，屋檐最下端的瓦片要承受整条屋脊瓦片的压力，很容易掉落。于是，人们就用瓦钉来固定住这些瓦片。为了防止瓦钉生锈和雨水通过瓦钉的缝隙渗漏，人们又用钉帽盖住瓦钉。随着时间的推移，钉帽逐渐被美化，最终形成了我们现在看到的仙人走兽。

仙人走兽有标志建筑物等级的作用。建筑物等级越高，仙人走兽的个数就越多，一般为奇数。除了数量上有规定，走兽排列的次序也是固定的。当建筑等级降低，走兽队伍就会从队尾的走兽开始依次减少。一般来说，一支走兽队伍最多有9只走兽，只会减少不会增多，但太和殿是个特例。作为明清时期全国等级最高的建筑，太和殿上的走兽共有10只。

垂兽和戗兽在外形和功能上都是相同的，只不过一个驻守在垂脊上，一个驻守在戗脊上，才有了两个不同的名字。一般垂兽和戗兽的位置在仙人走兽之后，体形却比仙人走兽大得多。垂兽、戗兽的功能和仙人走兽的功能类似，内部有铁钉，起到固定瓦片、防止瓦片下滑的作用。

太和殿上的十只脊兽

大的宫殿是太和殿,太和殿上的脊兽数量之多、品种之全,分罕见。

凤仙人之后有 10 只脊兽,依次是龙、凤凰、狮子、海马、獬豸、斗牛和行什。它们不仅具有装饰作用,还蕴含着象征意义。

狮子:
位置:走兽第三位。
寓意:狮子是百兽之王,是勇猛、威严的代表。人们用它的形象来镇守宫殿。

在屋脊的边缘。

坐在屋脊上,寓意逢凶化吉、绝处人是战国时期的齐湣(mǐn)王的化得到凤凰的帮助而脱险。

之后
元文化
动物,
象征

王,象征着吉祥、和谐。

獬豸:
位置:走兽第八位。
寓意:獬豸是中国古代神话传说中的瑞兽,大者如牛,小者如羊,类似麒麟,全身长着浓密、黝黑的毛,双目明亮有神。传说中,獬豸能明辨是非、惩恶扬善。在古代法律文化中,它被视为公正的象征。

押鱼:
位置:走兽第六位。
寓意:押鱼是海中瑞兽,浑身长满鳞甲,身后有鱼尾。传说押鱼能兴云作雨、灭火防灾。

狻猊:
位置:走兽第七位。
寓意:狻猊是一种猛兽,是龙的第五子。它喜欢烟火,常见于香炉上,象征着吉祥和平安。

海马与天马:
位置:走兽第四位、第五位。
寓意:海马是海洋中的神奇动物,象征着忠勇、吉祥;天马能日行千里、追风逐日。

斗牛:
位置:走兽第九位。
寓意:斗牛是牛头龙身、身披龙鳞的神兽,是一种虬龙。它与押鱼一样具有灭火防灾的功能,是祥瑞的象征。

垂兽

清朝吴长元的《宸垣识略》中说:"西内海子中有斗牛,即虬螭(chī)之类,遇阴雨作云雾,常蜿蜒道旁及金鳌(áo)玉蝀(dōng)坊之上。"

这里的"西内"指的是皇宫的西苑,"海子"是湖泊的意思,"斗牛"是一种传说中的生物,"虬螭"指的是传说中的虬龙与螭龙。虬龙是传说中一种有角的龙,螭龙是传说中一种没有角的龙。这两种龙在中国古代文化中占有重要地位,经常出现在各种神话传说和文学作品中。"金鳌玉蝀坊"可能指的是皇宫内的一座华丽建筑或牌坊。"金鳌"象征着稳固和尊贵,而"玉蝀"则出自《诗经·蝃(dì)蝀》中的"蝃蝀在东,莫之敢指","蝃蝀"意为彩虹,玉蝀便是形容此建筑像玉石砌成的彩虹,既美丽又珍贵。

行什:
位置:走兽第十位。
寓意:行什是一种长着翅膀、尖嘴猴腮的神兽,手拿宝器。它很像传说中的雷震子,能降妖除魔、防雷避灾。它在脊兽中排第十位,因此得名"行什"。

脊兽的实用功能与象征意义

从实用功能的角度来看,脊兽可以固定瓦片、防止雨水渗漏;从象征意义的角度来看,它们表现了建筑物的等级和主人的地位。

霸下（bà xià）

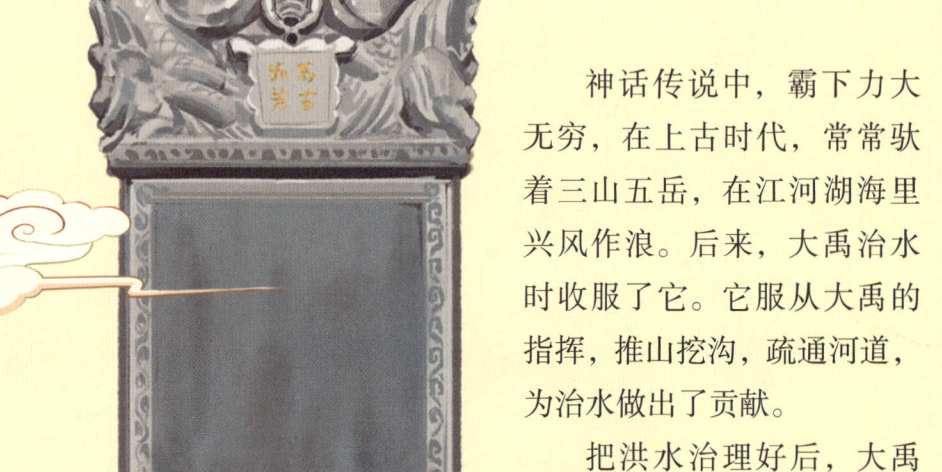

霸下是龙的第六个儿子，又名赑屃（bì xì），似龟有齿，长着龙头、麒麟尾，喜欢负重。古人常将巨大的石碑立在霸下背上，意在依靠它的神力，让石碑经久不衰、千秋永存。

神话传说中，霸下力大无穷，在上古时代，常常驮着三山五岳，在江河湖海里兴风作浪。后来，大禹治水时收服了它。它服从大禹的指挥，推山挖沟，疏通河道，为治水做出了贡献。

把洪水治理好后，大禹担心霸下又到处撒野，便搬来一块大石碑，在上面刻上霸下治水的功绩，让霸下驮着。沉重的石碑压得它不能随便行走。

霸下和龟都是长寿的象征，其外形也和龟十分有差异：霸下有一排牙齿，而龟却没有，霸下和龟和形状也有差异。

霸下总是奋力地昂着头，四只脚稳步地向前走

霸下还有个名字叫"鳌（áo）"。民间传说中盘古开天辟地之后，他的脊柱化为不周山支撑着天祝融的战争中失败后，撞断了不周山，把天空撞出只好用五彩石补天，因为天地没有支撑，所以女娲后，又砍下了鳌的四足立在大地四方，将天稳稳地

《淮南子》中记载："女娲炼五色石以补苍天，断鳌足以立四极。"这也是成语"断鳌立极"的出处，后来将这个成语用来比喻通过采取重大措施或牺牲来开创新局面或创建伟业，树立起最高的准则。

《淮南子》为西汉淮南王刘安及其门客所著，亦称《淮南鸿烈》，分为内二十一篇，外三十三篇。今只流传内二十一篇。

霸下是玄武的变体？

有观点认为，霸下是玄武的变体，也就是由龟与蛇组合成的，是古代颛顼（zhuān xū）族的族徽。

这种说法其实有一定的根据，因为在唐朝之前的霸下，头为龟形，形状和玄武类似，以后逐渐演变得更像龙，至明清时期完全变成了龙首、有角的形象。

玄武

玄武是中国古代神话中的天之四灵之一，是一种由龟和蛇组合成的灵物。

在古代文化中，玄武代表北方和冬季，与五行中的水相对应；在古代天文学中，玄武代表着北方七宿。由于龟和蛇在古代都被认为是灵兽，象征着长寿，因此古人常在玉佩上雕琢玄武的图案，将玉佩佩戴在腰间或挂在脖颈上，以求平安、长寿。

《楚辞·远游》中记载："召玄武而奔属。"大意是：召唤玄武这种神兽奔走跟随我。洪兴祖补注："玄武，谓龟蛇。位在北方，故曰玄；身有鳞甲，故曰武。"大意是：玄武又名龟蛇，位于北方，因此被称为"玄"，身上覆盖着鳞甲，所以被称为"武"。

《楚辞》是中国文学史上第一部浪漫主义诗歌总集，西汉刘向辑录，以屈原作品为主，其余各篇也都是承袭屈赋的形式。《楚辞》运用了楚地的文学样式、方言等，具有浓厚的地方色彩。

蛇可以变成龙吗？

东汉王充在《论衡》里提到："龙或时似蛇，蛇或时似龙。"大意是：龙有时候看起来像蛇，蛇有时候看起来像龙。

东汉经学家郑玄注释《尚书大传》时提到："龙，虫（蛇）之生于渊，行于无形，游于天者也，属天。蛇，龙之类也，或曰龙无角者曰蛇。"这段话说明了龙与蛇的紧密关系。

南朝梁任昉所写的《述异记》收录了很多民间传说，其中就有这样的记载："水虺（huǐ）五百年化为蛟，蛟千年化为龙，龙五百年为角龙，千年为应龙。"

水虺是古书中记载的一种水蛇，经过五百年修炼可以变成蛟；蛟经过千年修炼可以变成龙；龙在修炼五百年后，头上会长出角，变成角龙；而角龙继续修炼千年后，最终会变成应龙。应龙是中国古代神话中十分神秘和强大的龙种，有呼风唤雨的能力。由此可见，在中国古代传说中，蛇是可以通过修炼变成龙的。

《论衡》由东汉王充所著，书中建立了完整的无神论思想体系，还讨论了宇宙运作、人与自然、精神与肉体等科学问题。

《尚书大传》是解释《尚书》的书，旧题西汉伏生撰，可能是伏生弟子张生、欧阳和伯或更后者杂录所闻而成。

《述异记》是南朝梁任昉创作的志怪小说集。

狴犴（bì àn）

狴犴是龙的第七个儿子，又名宪章，形似虎，喜好狱讼之事。古代的狱门或官衙大堂两侧一般会有它的雕像。后来，狴犴的形象也常用于中国民间建筑的门柄上。

狴犴自古以来便以公正不阿、勇于直言的品性著称，加之威严的外貌，其形象不仅成为狱门之上不可或缺的守护图腾，其雕像还被置于官衙大堂两侧，犹如忠诚的卫士。

每当官员升堂问案，官衙大堂两侧的"狴犴"会目光如炬，巡视四周，以其独特的方式维护着公堂之上的庄严与公正，确保每一件案子都能被秉公处理。狴犴的形象能提醒人们遵守法纪，也象征着正义必胜，恶人必会受到惩罚。

在浙江省绍兴市上浦镇冯浦村，有着独树一帜的"狴犴龙舞"。这是一种具有鲜明地方特色的民俗舞龙表演。该表演将狴犴的威严形象与舞龙的灵动巧妙融合，深受当地民众的喜爱与推崇。

传说南宋的时候，有个专管牢狱的人叫犴裔（yì）。犴裔在看管牢狱的时候，对待犯人就像对待自己的家人一样和善，每天都给犯人讲解出狱后怎样做一个好人，因此深受爱戴。很多贪官都忌妒他，一直想找机会把他杀掉。

这些贪官利用当时宋朝皇帝赵构的迷信心理，收买了道士封咒，让他编造谎言称犴裔实为瘟神下凡，是来散播瘟疫并加害皇帝与百姓的。于是，皇帝轻信谗言，下令由奸臣秦桧处决犴裔。

百姓爱戴犴裔，十分同情他，都为他鸣不平。犴裔临刑前仍心系国家与百姓，痛斥奸臣。就在犴裔被斩首之际，天空中异象频现，神兽狴犴被犴裔的品行感动，自天而降，以神力惩罚了道士与奸臣，将他们永久封印在山腹之中，为犴裔讨回了公道。从此，狴犴不仅成为牢狱威严的象征，还被赋予了守护百姓的神圣使命。

明朝张岱《夜航船》中记载:"四曰狴犴,似虎,有威力,故立于狱门。"

清朝胡式钰《窦存》中记载:"狴犴,此兽好讼,今狱门上狮子是也。"

狂吠狴犴

意思是狂犬乱叫。

该成语出自唐朝文学家柳宗元的《乞巧文》。

原文为:"王侯之门,狂吠狴犴。"

这里的"狂吠狴犴"被用来形容王侯之门前的喧嚣和混乱,以及可能存在的无理取闹的、疯狂的行为。

筑房子歌

[宋]文天祥

自予居狴犴，一室以自治。
二年二大雨，地污实成池。
圄人为我恻，畚土以筑之。
筑之可二尺，宛然水中坻。
初运朽壤来，臭秽恨莫追。
掩鼻不可近，牛皂鸡于埘。
须臾传黑坟，千杵鸣参差。
但见如坻平，粪土不复疑。
乃知天下事，不在论镃基。
苟可掩耳目，臭腐夸神奇。
世人所不辨，羊质而虎皮。
大者莫不然，小者又何知？
深居守我玄，默观道推移。
何时蝉蜕去，忽与浊世违。

大意：
　　自从我居住在牢房中，我就尽力将住的地方管理得井井有条。
　　两年间，两次大雨倾盆，导致地面泥泞不堪，积水成池。
　　狱卒见我境况凄凉，心生怜悯，于是用簸箕运来泥土，为我在地面筑起高台（以免受水患侵扰）。
　　这高台筑成后约有二尺高，如同水中孤岛一般稳固。
　　起初，运来的泥土腐烂不堪，散发着令人作呕的臭气。
　　我掩鼻而过，不敢接近。周围是牛棚鸡舍，环境恶劣。
　　很快，狱卒运来肥土（加筑高地），夯土发出的声音高低错落。
　　不久后，这些泥土经过夯实，变得坚实平整，我也不再怀疑这些泥土的质量。
　　我领悟到，对天下之事往往不应讨论其大锄（指外在的形式与状态）。
　　有些人为了掩盖真相，将腐臭的事物说成神奇、美好的事物。
　　世人往往难以分辨真伪，被表象所迷惑，这如同羊披着虎皮一样。
　　大的事物如此，小的事物又何尝不是这样呢？
　　我深居简出，坚守内心的玄妙之道，默默观察着世间万物的变化。
　　我期待着有一天能够像蝉蜕壳一样摆脱束缚，远离这个污浊的世界。

解析：
　　开篇四句，文天祥直接叙述了自己身陷囹圄的困境。
　　狴犴在古代可以代指监狱，这里指文天祥被囚禁的地方。他将这狭小的空间管理得井井有条，以维持内心的秩序。然而，恶劣的环境并未因此而有所改变，两年间，两次大雨使地面污浊不堪，积水成池。

第五句到第十六句描述了文天祥在狱卒的帮助下改造居住环境的艰辛过程。

　　狱卒同情文天祥的处境，用簸箕运来泥土在地面上加筑高地。经过努力，地面上的高地筑成，就像一个水中孤岛。最开始运来的泥土腐烂发臭，令人掩鼻无法靠近。经过多次夯实和修整，最终地面变得平整，文天祥也不再怀疑这些泥土的质量。这一过程不仅体现了文天祥在困境中的坚韧不拔，也暗含了他面对人生困境时积极应对的态度。

　　第十七句到第二十四句是文天祥由此事而产生的对世间事的深刻感悟。

　　他认为，谈论天下的事情不能耽于表面，而应直击内在。有些人或事，虽然外表光鲜亮丽，但实际上却可能腐朽不堪。世人往往被表象所迷惑，无法分辨真假善恶。这种现象普遍存在。

　　最后四句，文天祥表达了对自由生活的向往。他坚守内心的宁静和玄妙，默默观察着世间万物的变化和发展。他希望自己能够像蝉一样蜕去束缚，摆脱这个污浊的世界。

　　文天祥是南宋末年著名的政治家、爱国诗人。他在抵抗元军的过程中被捕，并被囚禁在元大都（今北京）。在囚禁期间，他写下了许多感人肺腑的诗篇，表达了对国家的忠诚、对自由的渴望及对人生哲理的深刻思考。

负屃（fù xì）

负屃是龙的第八个儿子，身形似龙，热爱文学，酷爱书法，喜欢盘绕在石碑的顶部，威严神秘，并不凶恶，反而展现出一种沉静、内敛的气质。

在中国古代，人们依据刻石的形状赋予其不同的称谓。那些长方形的、用以镌刻文字的石头被称为"碑"；而顶端圆润或介于方圆之间、形态上小下大的刻石，则被称为"碣"。

秦朝时，秦始皇大规模地刻石来记录自己的功绩，这一举措极大地推动了碑碣文化的兴起与发展。

东汉以来，碑碣的数量逐渐增多，其用途也日益广泛，有碑（碣）颂、碑（碣）记、墓碑（碣）等多种形式，用以记载历史、纪念人物、颂扬功德等。同时，碑碣的形制也逐渐规范化，形成了一定的标准。

在唐朝，碑和碣的用法是有区别的，五品以上的官员死后可立碑，五品以下、七品以上的官员死后可立碣。但是随着时间的推移，后世在提及碑碣时，往往不再严格区分二者，名称上多有混用。它们作为中华悠久历史与文化的见证，始终承载着重要的历史意义和艺术价值。

中国的碑碣文化源远流长，碑碣形态各异：有的古朴典雅，碑（碣）身细腻光滑，宛如明镜；有的雕刻工艺精湛，文字跃然石上，一笔一画皆显灵动神韵；更有汇聚了文人墨客传世佳作的石刻碑（碣）文，脍炙人口，历久弥新，是艺术与文化的瑰宝。

负屃，这一神话中的灵兽，对洋溢着艺术魅力的碑碣情有独钟。它化身为精美的图案，依附于碑碣之上，以其独特之姿点缀并升华这些碑碣作品，使碑碣更显庄重、秀美。碑碣上的负屃与石刻文字交相辉映，再与底座沉稳的霸下相携，构成了一幅令人赞叹不已的美妙图画。

螭吻（chī wěn）

　　螭吻是龙的第九个儿子，又名鸱（chī）尾、鸱吻，龙头鱼身，喜欢在险要处东张西望，也喜欢吞火，能喷浪降雨，可以用来避火，其形象经常出现在屋角、屋脊、屋顶上。前文中，脊兽中的吻兽一般是螭吻的形象。

我国古代建筑以木料为主要材料，容易腐朽、失火，因此，古人喜欢把海中神兽的形象放在建筑的屋脊上，以此来期望神兽能够消除火灾。相传，汉武帝建柏梁殿时，有人上书言大海中有奇鱼，其尾似鸱（一种猛禽），能喷浪降雨、避火灾、驱除魑魅（chī mèi）。

脊兽螭吻最初非龙形，有鸟形、鱼龙形等，后来，龙形螭吻渐多。龙形螭吻一般四爪腾空，龙首怒目作张口吞脊状，背插宝剑，立于建筑之上，称"好望者"。传说它能吞万物，负责守护建筑，且喜登高俯瞰，在民间被视为祈雨避火的吉祥物。

唐朝苏鹗写的《苏氏演义》中提到："蚩者，海兽也。汉武帝作柏梁殿，有上疏者云：'蚩尾，水之精，能辟火灾，可置之堂殿。'"

《太平御览》引《唐会要》载："汉柏梁殿灾后，越巫言海中有鱼虬，尾似鸱，激浪即降雨。遂作其象于屋，以厌火祥。"

鸱尾是螭吻早期的称呼，是古代屋顶正脊两端使用的兼具构造性与装饰性的建筑构件，因其尾巴似鸱鸟的尾巴而得名。鸱尾早期造型中有鱼的尾巴，后来与印度佛教中的摩羯鱼形象融合，形成了半龙半鱼的样子。

摩羯鱼为印度佛教中的一种神鱼，龙首鱼身，其地位与中国古代的河神类似。

汉朝柏梁殿被火烧了之后，越巫说大海中有一种形似虬的鱼，它的尾巴形状像鸱的尾巴。当它在海中激起波浪时就会降雨。于是人们便雕刻了它的形象放在屋顶，以此来避免火灾的发生。

　　据《晋书》记载："鹊巢太极东头鸱尾。"大意是：有喜鹊在太极殿东头的鸱尾上筑巢。可见，晋朝建筑上已常见鸱尾形象。

　　到了唐朝，在宫殿的正脊两侧装饰鸱尾更为常见。唐朝鸱尾的典型特征就是在鸱尾的外围会有一圈细长的纹饰，造型雄伟。另外，唐朝已经开始出现"拒鹊子"。所谓"拒鹊子"，就是为了防止喜鹊等鸟类在屋顶的鸱尾上筑巢而在鸱尾上翘的尾部上沿插上一些铁制的刺针，来达到驱赶鸟类的目的。

　　大约到了中唐这一时期，鸱尾前端和正脊相接处变为张口吞脊的形象，很像正在吞吻着正脊，于是当时的人们将它改称为"鸱吻"。

宋朝开始，人们制作的鸱吻形象越来越像龙形，表面逐渐出现了鳞片，在造型装饰上也变得日益丰富，出现了带有鳞片、龙角的鸱吻形象。渐渐地，人们便把"鸱"附会为"螭"。传说中的螭是一种没有角的龙，是龙的九个儿子之一，法力比鸱更大。

到了明清时期，屋脊上的"鸱"完全被"龙"所代替，因而此时也称"鸱吻"为"螭吻"。

明清以后，螭吻形象逐渐呈现两极分化的特点。一是明清官式螭吻的造型开始形成日益固定的形制：造型敦实，尾部卷起；通身为一个整体的颜色，如黄色、绿色等；装饰元素中更多地加入龙的特征。二是民间螭吻在造型、纹饰、色彩上都灵活多变，没有固定的造型。

明朝李东阳所著的《怀麓堂集》文后稿卷十二《记龙生九子》中记载："龙生九子，蚩吻平生好吞，今殿脊兽头是其遗像。"大意是：龙生了九个儿子，其中蚩吻（即螭吻）平生喜好吞噬，现在宫殿屋脊上的兽头装饰就是它留传下来的形象。

鱼可以变成龙吗？

在传统文化和神话传说中，有"鱼跃龙门"或"鱼化为龙"的说法，这通常用来比喻事业成功或地位高升。这种说法蕴含着人定胜天的哲学思想，尽管自然界或生活中有着不可抗拒的力量，但我们可以凭借坚定的决心、高超的智慧和不懈的努力，突破各种限制，战胜各种挑战，实现自己的目标。

鱼化龙

　　鱼化龙是一种中国传统寓意纹样，亦名鱼龙变化。古人常用鱼化为龙来比喻金榜题名。鱼化龙是一种龙头鱼身的神兽，也是一种鱼龙互变的形式，这种形式中国古代早已有之，经常出现在历代民俗、传说中。

　　后来，鱼化龙还成为我国传统工艺紫砂壶的一种品类。鱼化龙壶的造型构思巧妙，鱼、龙、云的装饰与壶身浑然一体，壶身有波浪纹，线条流畅。鱼化龙壶有科举高中的寓意。

　　关于鱼龙互变，古籍中有不少记载。《山海经·大荒西经》中提到："风道北来，天乃大水泉，蛇乃化为鱼，是为鱼妇。"大意是：当风从北方吹来，天空仿佛倾泻下巨大的水泉（这里可能是以夸张的手法形容降雨之大），蛇竟然变化成了鱼。这是较早的蛇化鱼的说法，为龙化鱼说法的前身。后来的《说苑》中"昔白龙下清泠之渊，化为鱼"的记载，《长安谣》里说的"东海大鱼化为龙"和民间流传的鲤鱼跳过龙门后变成龙的故事，都讲述了鱼龙互变的关系。

古代与龙有关的神兽

烛龙

烛龙又名烛阴、烛九阴，是中国古代神话中钟山的山神，有着人的面孔和蛇的身子，全身为赤红色，身长千里。它睁开眼睛就是白天，闭上眼睛就是黑夜。烛龙可以呼风唤雨，不喝水，不进食，也不用休息。

《山海经·大荒北经》中记载，烛龙是章尾山上的神，人面蛇身，浑身赤红色。《山海经·海外北经》记载的钟山之神烛阴也是人面、蛇身，全身赤红色。东晋学者郭璞在注释《山海经》时指出，烛龙与烛阴是同一种神兽。

古时候有祭烛龙的习俗。唐朝诗人张九龄就有诗作《奉和圣制烛龙斋祭》。宋徽宗赵佶的词《满庭芳·芳词来上》中有这样的描写："欢声里，烛龙衔耀，黼（fǔ）藻太平春。"大意是：在欢声笑语中，烛龙口含光芒，其华丽的装饰映衬出太平盛世的春天景象。

水虺（huǐ）

水虺是中国古代传说中的一种水蛇，修炼五百年可化为蛟。

蛟（jiāo）

蛟是中国古代神话中的神兽，又称蛟龙，拥有强大的力量。

相传蛟兼具鱼、蛇之形，"鱼身而蛇尾"。蛟并不是真正的龙。古书中记载，蛟经过千年修炼才能化为龙。

应龙

应龙有一对翅膀。

在古书中，应龙被描述为可以创世、造物、灭世的巨神，是黄帝身边的大将，曾助黄帝讨伐蚩尤，也曾帮助大禹治理洪水。

《广雅》记载："有翼曰应龙。"可见，应龙生有翅膀。

《淮南子》记载："毛犊生应龙，应龙生建马，建马生麒麟，麒麟生庶兽，凡毛者生于庶兽。"大意是：毛犊孕育了应龙，应龙繁衍出了建马，建马生下了麒麟，麒麟生下了庶兽，凡是有毛的兽类都是庶兽的后代。

应龙被广泛认为是龙的始祖。《淮南子》记载，应龙是麒麟的祖先。古书中还有人们扮成应龙求雨的记载。如《山海经·大荒东经》中记载："旱而为应龙之状，乃得大雨。"大意是：人们在遇到干旱时，会扮成应龙的形象来求雨，果然能求来大雨。

麒麟

麒麟是中国古代神话中的一种瑞兽，长着羊头和狼的蹄子，身体是彩色的，身体形状像麋（mí）鹿，尾巴像龙尾，还长着龙鳞和角。

夔 (kuí)

夔的形状像牛，身体呈苍色，没有角，只有一只脚。每当它出入水中时，必定会伴随着风雨。它的光芒如同日月，声音如同雷鸣。

在商晚期和西周时期的青铜器上，夔龙纹是重要纹饰，形象多为张口、卷尾的长条形，以直线为主、弧线为辅，具有古拙的美感。

《山海经·大荒东经》记载："其上有兽。状如牛，苍身而无角，一足，出入水则必风雨，其光如日月，其声如雷，其名曰夔。"

青龙

青龙又称苍龙，是我国神话传说中的形象，为天之四灵之一的东方之神，对应二十八星宿中的东方七宿。青龙头长双角、身上披鳞，身体为青色。

螭(chī)龙

螭龙是我国神话传说中的一种龙。古代蟠螭纹中的螭龙的形象是无角、大鼻、眼尾稍细长。传说螭龙也称蚩尾，是一种海兽，茶壶、茶杯上常常用它作为装饰。螭龙有美好、吉祥、招财的寓意。

蟠(pán)龙

蟠龙是我国神话传说中蛰伏在地而未升天之龙，一般作盘曲环绕状。

蟠是"盘曲"的意思，因此蟠龙可以理解为盘曲的龙。中国古代建筑中，经常把蟠龙作为梁上的装饰。

《初学记》引沈怀远《南越志》对蟠龙的外形和特点都做了解释："蟠龙身长四丈，青黑色，赤带如锦文，常随渭水而下，入于海。有毒，伤人即死。"

龙马

龙马作为一种意象经常出现在古代典籍中。

唐朝经学家孔颖达为《诗经》作疏时指出："马八尺以上为龙，七尺以上为駼（lái），六尺以上为马。"大意是：身高八尺以上的马被称为龙，七尺以上的马被称为駼，而六尺以上的则统称为马。

南北朝时期，龙马祥瑞说已经基本定型。南朝梁孙柔之的《瑞应图》中提到："龙马者，仁马也，河水之精。高八尺，长颈，身有鳞甲，胳上有翼，旁有垂毛，鸣声九音，蹈水不没。有明王则见。"大意是：龙马是神圣之马，是河水中的精灵。它的身高达八尺，拥有修长的颈部，身上长有鳞甲，在其臂（或理解为身体两侧）上生有翅膀，旁边还垂挂着长毛，其鸣声能够发出九种不同的音调，美妙非凡，它在水中不会沉没。龙马只会在有贤明君主出现于世时才会显现。

在河南孟津雷河村有一座龙马负图寺，是河南省重点文物保护单位，该寺就是因龙马"负图出于孟河之中"而得名的。

角龙

龙的成年形态，是指有角的龙。

有角　或　没角

虬(qiú)龙

在我国神话传说中，虬龙通常指的是有角的小龙，但也有说法认为是没有角的幼龙。这种龙会逐渐成长为真正的龙。

辰龙

在十二生肖中，龙位居第五，与十二地支中的辰相对应，因此被称为"辰龙"。

骊龙

骊龙是一种传说中的黑色的龙。《庄子·列御寇》中讲到，河边穷苦人家的儿子去潭底黑龙的下巴下面取珠。这里的黑龙便是骊龙。

龙王

　　龙王是我国古代神话传说中在水里统领水族的王,掌管兴云降雨。

　　据史书记载,唐玄宗时,下诏祭祀龙池,并专设坛官致祭,以祭祀雨师的仪式祭祀龙王。

　　民间认为东、南、西、北四海都有龙王管辖,叫四海龙王。另有五方龙王、诸天龙王等。中国古典名著《西游记》中提到了四海龙王,即东海龙王敖广、南海龙王敖钦、西海龙王敖闰、北海龙王敖顺。

与龙有关的成语

龙飞凤舞：形容山势蜿蜒雄壮，也形容书法笔势活泼。

龙马精神：唐朝李郢《上裴晋公》："四朝忧国鬓如丝，龙马精神海鹤姿。"后用来指健旺的精神。龙马：传说中像龙的骏马。

龙腾虎跃：形容威武雄壮，非常活跃。

藏龙卧虎：比喻潜藏着杰出的人才。

龙争虎斗：形容双方势均力敌，斗争激烈。

画龙点睛：传说梁朝张僧繇（yóu）在金陵安乐寺壁上画了四条龙，不点眼睛，说点了就会飞走。听到的人不相信，偏叫他点上。刚点了两条，就雷电大作，震破墙壁，两条龙乘云上天，只剩下没有点眼睛的两条。比喻作文或说话时在关键地方加上精辟的语句，使内容更加生动传神。

鱼跃龙门：传说中，黄河中的鲤鱼跃过龙门就会变成龙。比喻事业成功或地位高升。

龙吟虎啸：龙的鸣声和虎的吼叫声。形容人的歌唱或吟咏的声音嘹亮雄壮。

乘龙快婿：比喻才貌双全、为岳父岳母所满意的女婿。

二龙戏珠：两条龙相对，戏玩着一颗宝珠。常用来形容喜庆、吉祥的场景。

龙蛇混杂：龙和蛇混在一起。比喻好人和坏人混在一起，难以分辨；也形容好的事物、坏的事物混杂在一起。

龙凤呈祥：指吉庆之事，常用作祝福语或吉祥图案，象征着吉祥如意、幸福美满。

龙肝凤髓：龙的肝脏和凤的骨髓。比喻极难得的珍贵食品，也用来形容极其珍贵和难得的事物。

虎踞龙盘：像虎蹲着，像龙盘着。形容地势险要。

龙行虎步：行走的姿态像龙、虎一样。形容人仪态非凡。

龙跃凤鸣：神龙腾跃，凤鸟长鸣。比喻才华出众，不同凡响。

龙蛇飞动：形容书法笔势强健活泼。

龙章凤姿：有蛟龙的文采、凤凰的姿容。比喻风采出众。

叶公好龙：据说古代有个叶公，非常喜爱龙，器物上画着龙，房屋上也刻着龙。真龙知道了，就到叶公家来，把头探进窗户。叶公一见，吓得面如土色，拔腿就跑。比喻说是爱好某事物，其实并不真爱好。

龙鸣狮吼：形容沉郁雄壮的声音。

龙行虎变：比喻帝王革故鼎新，创制建业。

龙驹凤雏：形容聪明有为的孩子，常用作恭维语。

游云惊龙：形容书法刚劲豪放，灵活多变。

禅世雕龙：形容文章华美，世代相传。

飞龙乘云：龙乘云而上天，比喻英雄豪杰乘时而得施展。

车水马龙：车像流水，马像游龙。形容车马或车辆很多，来往不绝。

龙翰凤翼：比喻杰出的人才。

龙虎风云：比喻英雄豪杰际遇得时，也比喻君臣遇合。

龙血玄黄：两龙交战，血流成了黑黄色。形容战争激烈，血流成河。

参考资料

［汉］班固 撰 ［唐］颜师古 注《汉书》，中华书局 1962 年出版。

陈鼓应 注译《庄子今注今译》，中华书局 1983 年出版。

［明］陈洪谟 张瀚 著《元明史料笔记 松窗梦语 继世纪闻 治世余闻》，中华书局 1985 年出版。

程俊英 蒋见元 著《诗经注析》，中华书局 1991 年出版。

［清］褚人获 辑撰 李梦生 校点《坚瓠集》，上海古籍出版社 2012 年出版。

［清］东轩主人 辑 ［清］戴莲芬 著《稀见笔记丛刊 述异记 鹂砭轩质言》，文物出版社 2020 年出版。

［唐］房玄龄等 撰《晋书》，中华书局 1974 年出版。

高步瀛 著《文选李注义疏》，中华书局 1985 年出版。

龚世学 著《孙氏〈瑞应图〉辑注》，上海古籍出版社 2022 年出版。

广陵书社 编《中国历代氏族典》，广陵书社 2009 年出版。

［晋］郭璞 注 王贻樑 陈建敏 校释《穆天子传汇校集释》，中华书局 2019 年出版。

何宁 撰《淮南子集释》，中华书局 1998 年出版。

［宋］洪兴祖 撰 白化文等 点校《楚辞补注》，中华书局 1983 年出版。

黄晖 撰《论衡校释》，中华书局 1990 年出版。

黄振萍 主编《陈仁锡文献辑刊》，北京燕山出版社 2019 年出版。

［明］李东阳 撰《怀麓堂集》，上海古籍出版社 1991 年出版。

［宋］李昉等 撰《太平御览》，中华书局 1960 年出版。

［明］李时珍 撰《本草纲目》，中华书局 2021 年出版。

［明］李诩 撰《戒庵老人漫笔》，中华书局 1982 年出版。

［汉］刘向 撰 向宗鲁 校证《说苑校证》，中华书局 1987 年出版。

［唐］柳宗元 撰 尹占华 韩文奇 校注《柳宗元集校注》，中华书局 2013 年出版。

［明］陆容 撰《菽园杂记》，中华书局 1985 年出版。

［宋］陆游 著 钱仲联 马亚中 主编《陆游全集校注》，浙江古籍出

版社 2016 年出版。

[宋] 罗愿 撰《尔雅翼》，黄山书社 2013 年出版。

[清] 彭定求 编《全唐诗》，中华书局 1960 年出版。

[唐] 皮日休 [唐] 陆龟蒙等 撰 王锡久 校注《松陵集校注》，中华书局 2018 年出版。

[清] 邵晋涵 撰 李嘉翼 祝鸿杰 点校《尔雅正义》，中华书局 2017 年出版。

[宋] 释契嵩 著 林仲湘 邱小毛 校注《镡津文集校注》，巴蜀书社 2014 年出版。

[汉] 司马迁 撰《史记》，中华书局 1982 年出版。

[唐] 苏鹗 撰 吴企明 点校《苏氏演义》，中华书局 2012 年出版。

[清] 孙希旦 撰《礼记集解》，中华书局 1989 年出版。

[清] 孙星衍 撰《尚书今古文注疏》，中华书局 2004 年出版。

[清] 孙诒让 撰《周礼正义》，中华书局 2013 年出版。

[魏] 王弼 撰《周易注》，中华书局 2011 年出版。

[清] 王念孙 著 张其昀 点校《广雅疏证》，中华书局 2019 年出版。

[清] 王聘珍 撰《大戴礼记解诂》，中华书局 1983 年出版。

[宋] 文天祥 撰 刘文源 校笺《文天祥诗集校笺》，中华书局 2017 年出版。

[清] 吴长元 辑《宸垣识略》，北京古籍出版社 1983 年出版。

[清] 吴任臣撰《山海经广注》，中华书局 2020 年出版。

[唐] 徐坚等 著《初学记》，中华书局 2004 年出版。

[汉] 许慎 撰 [清] 段玉裁 注《说文解字注》，上海古籍出版社 2010 年出版。

杨伯峻 编著《春秋左传注》，中华书局 1981 年出版。

[汉] 应劭 撰 王利器 校注《风俗通义校注》，中华书局 1981 年出版。

[清] 俞正燮 撰 于石 马君骅 诸伟奇 点校《俞正燮全集》，黄山书社 2005 年出版。

[明] 张岱 撰 李小龙 整理《夜航船》，中华书局 2012 年出版。

以编著者姓名拼音为序

/作者简介/ **高瑞沣**
中国科普作家协会会员，四川省作家协会会员，畅销书作家，童书出版人
著有《仪式感》《讲了很久很久的西游记》《一分钟读通中国史》

/绘者简介/ **陈志华（CZH-时光机）**
新锐插画设计师
作品有《童年回忆》系列、与央视网合作的《老冬天》系列等

/设计排版团队/ **星筠兔**